AF382234

ACABA CON LA ANSIEDAD

Las claves para aprender a controlarla

Por Barbara Radomme
Traducido por Laura Soler Pinson

Salud y bienestar 50MINUTOS.es

CÓMO ACABAR CON LA ANSIEDAD

- **¿Problemática?** Para algunas personas, el mundo que los rodea es una fuente de angustia y de ansiedad. Para otras, este sentimiento se presenta en situaciones muy determinadas. Los síntomas, como sudores fríos, atonía o palpitaciones, son tan paralizantes como espantosos. ¿Por qué se manifiestan? ¿Cómo actuar para dejar de ser esclavo del miedo?
- **¿Meta?** Comprender qué es la ansiedad y lograr dominarla.
- **¿Preguntas frecuentes?**
  - Estoy siempre intranquilo y estresado en el día a día. Todo me angustia y, a veces, esto me paraliza. ¿Es normal?
  - Soy de naturaleza ansiosa. ¿Realmente puedo hacer algo si forma parte de mi personalidad?
  - ¿Qué puedo hacer para tranquilizarme cuando sufro una repentina crisis de angustia?
  - Mi pareja es ansiosa. ¿Qué puedo hacer para ayudarla?

Sentimos un nudo en la garganta, nos falta el aire, el corazón se acelera, el sudor perla la piel y, de repente, una angustia sorda y paralizante emana de lo más profundo de nuestras entrañas y se extiende por nuestro cuerpo. En seguida perdemos el control y tenemos la sensación de que ya no regimos nuestro cuerpo.

Todos hemos escuchado hablar de la ansiedad y la hemos vivido en alguna ocasión: aparece cuando tenemos que hacer una presentación, cuando se avecina un encuentro, cuando esperamos una llamada e, incluso, cuando se producen acontecimientos tan naturales y anodinos como la llegada de la noche o el vacío silencioso de un domingo por la tarde. Así pues, no te preocupes, siempre y cuando estos episodios ansiosos sean intermitentes y soportables. En cambio, cuando este sentimiento de ansiedad se vuelve permanente, intenso y molesto en tu día a día, significa que hay que actuar. No dejes que la ansiedad suponga un obstáculo para tu felicidad. Existen soluciones y herramientas para detener la energía colonizadora de la ansiedad que son fáciles de implementar y de emplear. Hay una multitud de trucos a tu disposición, estés solo o acompañado, en tu casa o en un grupo.

En 50 minutos, descubre el origen de ese mal que te corroe, los síntomas que deben ponerte sobre aviso y nuestros consejos y trucos para no volver a permitir que la ansiedad dicte tu vida. No bajes los brazos, porque todos los problemas tienen solución.

¿QUÉ ES LA ANSIEDAD?

¿ESTRÉS, ANGUSTIA O ANSIEDAD?

A primera vista, estos términos nos parecen semejantes y, a menudo, se usan como sinónimos, pero presentan características y realidades diferentes. Mientras que el estrés y la angustia suelen revestir un carácter temporal, la ansiedad resulta ser más insidiosa y su sombra planea de forma más continuada en la gente que la sufre.

El estrés

El estrés es un fenómeno común y completamente natural que surge como respuesta a un acontecimiento. Se trata de una reacción fisiológica de nuestro organismo que nos permite responder a una situación desafiante o amenazante. Sin embargo, en las sociedades modernas en constante movimiento, donde es frecuente el exceso de actividad, el estrés se apodera cada vez más de nosotros, con el riesgo de convertirse en algo nefasto. Y es que, mientras que un estrés ocasional y contextualizado es totalmente salvador e, incluso, puede ser benéfico, un estrés regular y persistente tiene efectos destructivos en nuestra salud psíquica y física.

La angustia

Por su parte, la angustia se caracteriza por su intensidad y también por una cierta relación con lo real. Nace de esa sensación profunda de enfrentarse a una amenaza vaga, indefinida, pero que está arraigada en la realidad. Ante una situación específica, podemos sentir angustia. Por lo tanto, es puntual y contextual. Para acabar, es cierto que la angustia es una sensación psíquica, pero sobre todo se traduce por síntomas físicos: espasmos, aceleración cardiaca, etc.

La ansiedad

El Diccionario de términos médicos de la Real Academia Nacional de Medicina define la ansiedad como «sentimiento desagradable de sentirse amenazado por algo inconcreto, acompañado de sensaciones somáticas de tensión generalizada, falta de aire, sobresalto y búsqueda de una solución al peligro [...]». Es decir, la ansiedad es un estado emocional de agitación nerviosa que puede desarrollarse de diversas maneras y con una intensidad variable. Al contrario que la angustia, que se manifiesta de repente y que conlleva una incapacidad física y psíquica momentánea, la ansiedad es totalmente compatible con la vida cotidiana, puesto que se trata de un estado de preocupación más difuso, pero también más contante. Aunque el sentimiento que se experimenta no es agradable, la ansiedad no plantea problemas de salud particulares, siempre que sea moderada. No obstante, si no se hace nada para controlar la situación y para dominar esas emociones negativas de pesimismo y preocupación constantes, puede evolucionar hacia una variante patológica, es decir, la ansiedad generalizada.

TEST: ¿SUFRES DE ANSIEDAD?

	Todos los días	A menudo	Casi nunca	Nunca
¿En las dos últimas semanas has tenido problemas para dormir o te has despertado mientras dormías?				
¿Tienes problemas para concentrarte?				
Si unos amigos llegan tarde a vuestra cita, ¿piensas que les ha pasado algo e intentas llamarlos al móvil cada cinco minutos?				

	Todos los días	A menudo	Casi nunca	Nunca
¿Tienes sensaciones nerviosas como un nudo en la garganta, problemas para respirar, pulso acelerado y/o nudo en el estómago?				
¿Te sientes tenso, nervioso o inquieto?				
¿Te preocupa el pasado o el futuro?				
¿Te cuesta no estar en constante movimiento, no hacer nada y relajarte?				

	Todos los días	A menu- do	Casi nunca	Nunca
¿Tiendes a reaccionar de manera exagerada e impulsiva a los aconteci- mientos que se presentan ante ti?				

Si has obtenido más «Todos los días»: estás estresado y ansioso con mucha frecuencia, y parece que eso trastoca tu equilibrio vital. Intenta impedir que esa sensación te invada demasiado a menudo. No dudes en seguir los consejos que presentamos en esta obra o en pedir ayuda a un profesional de la salud.

Si has obtenido más «A menudo»: es cierto que tiendes a la ansiedad, pero no te incapacita en tu día a día. No obstante, no dudes en investigar esta cuestión, ya que nada te impide mejorar tu calidad de vida.

Si has obtenido más «Casi nunca»: rara

vez sufres de ansiedad. Por supuesto, a veces te pasa, pero principalmente en situaciones donde el estrés es realmente elevado. Así pues, parece que gestionas muy bien tus emociones y que logras controlarte en cualquier circunstancia.

Si has obtenido más «Nunca»: tienes una tranquilidad envidiable. ¿Ansiedad? ¿Qué es eso? Haya estrés o no, estés en una situación de crisis o de vacaciones al sol, mantienes tu humor. Mejor para tus nervios, pero tampoco olvides que una pequeña dosis de adrenalina de vez en cuando es beneficiosa e, incluso, aconsejable.

LOS TRASTORNOS DE LA ANSIEDAD

Los trastornos de la ansiedad abarcan una serie de trastornos psicológicos que se caracterizan por una ansiedad profunda, intensa y constante que incapacita el día a día de la persona que los sufre. Aunque la clasificación puede variar ligeramente de un país a otro, el DSM-IV (*Manual diagnóstico y estadístico de los trastornos mentales*) distingue seis formas particulares: el trastorno de ansiedad generalizada, el trastorno de angustia con o sin agorafobia, el trastorno de fobia social, la fobia específica, el trastorno obsesivo-compulsivo y el trastorno por estrés postraumático.

El punto común de todos estos males es que la zona prefrontal del cerebro se encuentra afectada. Se trata de la zona más evolucionada del cerebro, la que concibe los pensamientos más abstractos, como las previsiones en cuanto al futuro, la toma de decisiones, la resolución de problemas y las estrategias que hay que implementar. Además, esta zona está directamente relacionada con la zona límbica, que es la responsable de las emociones. Así, los trastornos de la ansiedad perturban a la vez los pensamientos abstractos y las emociones. Por lo tanto, la ansiedad perjudica toda nuestra salud.

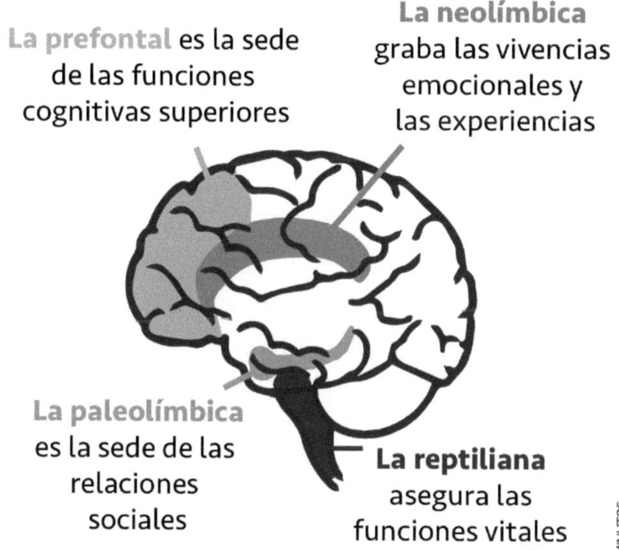

El trastorno de ansiedad generalizada (TAG)

Los especialistas establecen una clara distinción entre una ansiedad medida y puntual y una ansiedad intensa y crónica. Para elaborar un diagnóstico de ansiedad patológica, la persona debe presentar al menos tres de los siguientes seis síntomas desde hace al menos seis meses:

- trastornos del sueño;
- cansancio;
- irritabilidad;
- problemas para concentrarse;
- agitación;
- dolores musculares.

El TAG se caracteriza por una ansiedad general difícil de controlar y por una preocupación constante y exagerada frente a acontecimientos de la vida cotidiana, todo ello sin razón aparente. En los países occidentales, se calcula que entre un 5 y un 8 % de la población sufre este mal, que afectaría dos veces más a mujeres que a hombres (Besançon 1993, 41).

El trastorno de angustia con o sin agorafobia

El trastorno del pánico está caracterizado por una reiteración de crisis de pánico imprevisibles en situaciones que no presentan ningún peligro real y por el miedo constante a que estas se produzcan. Cuando la persona está en una crisis, tiene un sentimiento de ansiedad intensa de duración limitada y presenta síntomas físicos típicos de situaciones de catástrofe (palpitaciones, temblores, sensaciones de ahogo, de desvanecimiento, miedo a volverse loco, etc.). Si este trastorno va acompañado de agorafobia, el individuo mostrará ansiedad ante la idea de acudir a lugares de los que podría resultar complicado escapar, donde tardaría en llegar la ayuda si se produjese un ataque de pánico.

Según el DSM-IV, deben darse varias características para que se pueda elaborar un diagnóstico de trastorno del pánico:

- el individuo tendrá que haber vivido crisis de pánico imprevistas y recurrentes (varias en un mismo mes);
- estas deben acompañarse de un miedo constante de revivir otras crisis;
- también deben estar acompañadas de una preocupación ante posibles repercusiones y consecuencias;
- deben provocar un cambio conductual profundo cuyo objetivo es, en cierta manera, protegerse de nuevos posibles ataques.

Es importante señalar que estas crisis de pánico no son la consecuencia de un consumo excesivo de sustancias alcoholizadas u opiáceos, y que no dependen de otro trastorno mental o de una enfermedad física.

El trastorno de fobia social

Esta patología, también llamada «trastorno de ansiedad social», se describe como una ansiedad excesiva que se produce en un contexto de relaciones sociales o ante situaciones en las que el individuo podría presentar síntomas de ansiedad. La crisis de pánico experimentada es duradera y se mantiene hasta que se aleja la situación ansiógena, lo que lleva al sujeto a adoptar una conducta de evitación y a romper todo contacto social.

El *Manual diagnóstico y estadístico de los trastornos mentales* especifica muy claramente las particularidades del fóbico social, en el que se identifica:

• una aprensión marcada y persistente hacia una o varias situaciones en las que podría verse expuesto a desconocidos o a personas que podrían juzgarlo. Teme manifestar una conducta o síntomas de nerviosismo que serán humillantes o molestos para ellos;

- una fuerte ansiedad —incluso, un sentimiento de pánico sistemático— generada por el simple hecho de encontrarse ante gente en algunas circunstancias;
- la conciencia de que su miedo es excesivo e irracional;
- una gran ansiedad o un profundo desasosiego cuando evita o se enfrenta a las temidas situaciones de estrés o en los momentos en los que destaca;
- un profundo sufrimiento y un día a día muy alterado por las conductas implementadas para evitar las situaciones ansiógenas y por los síntomas experimentados.

La fobia específica

La fobia específica consiste en un miedo irracional, excesivo y constante de una situación o de un objeto determinado. La ansiedad que se siente se traducirá por una crisis de pánico y/o una conducta de evitación. En este caso, es fundamental distinguir adecuadamente el miedo de la fobia. En la primera situación, el sujeto podrá temer una situación, pero no la evitará, en la segunda, el fóbico hará cualquier cosa por alejar la amenaza.

El DSM-IV distingue cuatro tipos de fobias específicas:

- **el tipo animal**, que incluye, por ejemplo, la fobia a las arañas, a las serpientes, a los insectos, etc.;
- **el tipo ambiental**, en la que encontramos la fobia a las alturas, al agua, a las tormentas, etc.;
- **el tipo sangre, inyección, heridas**, que reúne las fobias como la hematofobia (fobia a la sangre) o también la belonefobia (miedo a las agujas);
- **el tipo situacional**, que agrupa la fobia al avión, a los ascensores, a los lugares públicos, etc.

El trastorno obsesivo-compulsivo

El trastorno obsesivo-compulsivo o TOC, considerado un trastorno de la ansiedad, consiste en obsesiones y conductas compulsivas. Al sujeto le invaden constantemente pensamientos desagradables que provocan en él un sentimiento de miedo, de ansiedad e, incluso, de aversión. Para acabar con esta percepción incapacitante, la persona afectada no tiene más remedio que poner en marcha unos pequeños rituales repetitivos, llamados compulsiones, que pueden llevar mucho tiempo.

Entre los más habituales, cabe señalar la fobia a los microbios y a la contaminación, que conlleva como compulsión una higiene extrema (varias duchas al día, uso de una máscara o de guantes, limpieza diaria del lugar donde vive, etc.), pero también una preocupación obsesiva por la simetría y la organización, que se manifiesta a través de una necesidad compulsiva de colocar cada objeto en un sitio muy determinado.

El trastorno de estrés postraumático (TEPT)

El trastorno de estrés postraumático se manifiesta en algunas personas que han vivido o han asistido a un acontecimiento traumatizante en el que su integridad física o la de una tercera persona ha corrido peligro. Sin embargo, es imposible extraer una verdad general con respecto a las personas que sufren un TEPT. En efecto, algunas desarrollarán una ansiedad crónica provocada por situaciones, ruidos o lugares que les recordarán el acontecimiento traumatizante y otras jamás lo sufrirán. Para enfrentarse a este miedo invasor y paralizante, el sujeto recurre a distintos mecanismos de defensa, como la evitación, la negación o, incluso, la hiperactividad. Todos estos elementos le permitirán no volver a revivir esos momentos dolorosos. No obstante, estas soluciones solo son temporales y no ayudan a curar el mal profundo que origina este sentimiento de impotencia y de pánico.

LOS ORÍGENES DEL MAL

Al igual que ocurre con un buen número de trastornos patológicos, la ansiedad no tiene un único origen, sino que se trata más bien de una combinación de factores que, una vez reunidos, conforman todos los ingredientes que permiten la eclosión del estado ansioso.

Los factores biológicos

En algunos casos, existe una predisposición genética a este tipo de trastornos. Algunos genes y hormonas parecen favorecer una actitud ansiosa. Así ocurre, en especial, con la serotonina, que desempeña el papel de neurotransmisor del sistema nervioso central, y de la activina, que es una hormona que participa en la regulación del ciclo menstrual.

De hecho, las mujeres, con sus constantes cambios hormonales, pueden ser más sensibles al estrés y a la ansiedad, algo que todavía se potencia más en algunos periodos de su ciclo hormonal. Por ejemplo, durante la fase premenstrual y el ciclo menstrual, tres hormonas esenciales para el equilibrio general (la progesterona, la testosterona y el estrógeno) pueden variar significativamente, de un día para otro. De esta manera, puede aparecer la ansiedad, entre otros síntomas.

Otro ejemplo más de la influencia biológica sobre la ansiedad es el cortisol. Esta hormona del estrés —como la llaman algunos— puede tomar las riendas de nuestro cuerpo cuando se pone en movimiento. Como consecuencia, puede provocar que disminuya la acción de nuestro sistema inmunitario para favorecer su propia acción.

En otras palabras: en lo que a la ansiedad se refiere, nuestro organismo y su abundancia de genes y de hormonas tienen un as bajo la manga. Sin embargo, a pesar de esta influencia real y omnipresente de lo biológico, sería demasiado fácil limitar a este nivel el fenómeno de la ansiedad y no tomar en cuenta los contextos vitales y el desarrollo del individuo.

Los factores psicosociales

Además de los factores inherentes al individuo, el entorno sociocultural y sus vivencias tendrán un impacto igual de importante sobre el desarrollo de la ansiedad. En efecto, una predisposición natural se expresa más fácilmente si se enmarca en un contexto favorable. Por consiguiente, una serie de acontecimientos puede provocar el desarrollo de la ansiedad: un entorno familiar ansiógeno, una relación paternofilial particular, la pérdida del empleo, el divorcio, el exceso de actividad, un accidente, una enfermedad grave, etc.

SÍNTOMAS INCAPACITANTES

Aunque la ansiedad se disfraza de muchas maneras, los síntomas son relativamente similares para la mayoría de los trastornos de la ansiedad, aunque varían ligeramente de una persona a otra. De hecho, este estado de estrés intensificado y constante se manifiesta tanto a nivel psicológico como físico, lo que duplica el sufrimiento de la persona lo padece.

Los síntomas psicológicos y conductuales

Los trastornos de la ansiedad provocan la disminución de la secreción de ciertos neurotransmisores del cerebro. Además, se puede observar en los individuos ansiosos una corteza cerebral hiperactiva. Así, la ansiedad genera muchos síntomas psicológicos y conductuales, como el pesimismo, la hiperactividad, el miedo a perder el control, el desapego emocional, el deseo de huida, etc.

Los síntomas físicos

Además de las manifestaciones psicológicas y conductuales, la ansiedad se caracteriza por síntomas físicos muy intensos y particularmente incapacitantes. Puede tratarse de palpitaciones cardiacas, sensaciones de ahogo, náuseas, palmas sudorosas o congeladas, hormigueos en las extremidades o, incluso, vértigos y tensiones en el cuerpo.

Obviamente, no siempre se manifiestan todos estos síntomas, ni son persistentes, y su aparición varía en función del tipo de trastorno de la ansiedad sufrido.

«Me diagnosticaron agorafobia hace algunos años. Al principio, mi trastorno de la ansiedad no era realmente incapacitante, no se manifestaba todo el tiempo y, cuando ocurría, me decía a mí misma que era porque estaba cansada. Pero, después, la frecuencia y la intensidad de los episodios de ansiedad empezaron a aumentar progresivamente, y se multiplicaron los síntomas: nudo en la garganta, fuertes dolores de cabeza, hiperventilación, etc.; estos síntomas se presentaban sin una verdadera razón» (Stéphanie, 30 años).

Las consecuencias para la salud

La ansiedad y el estrés no son emociones agradables para nadie. Sin embargo, cuando la ansiedad persiste o se convierte en crónica, lo que al principio eran sensaciones desagradables puede generar verdaderos problemas para la salud.

Además, es complicado identificarla, puesto que los síntomas de la ansiedad pueden parecerse a los de otras enfermedades. ¿Te duele la cabeza? Probablemente hayas pensado que cogiste frío esperando ayer el autobús, o que el vino de tu cena quizás no era de una calidad exquisita. Y, sin embargo, es posible que la verdadera causa de tu dolor sea la ansiedad. En realidad, esta puede tener un gran número de consecuencias para tu salud, más o menos intensas, más o menos graves. No importa si se trata de tu salud mental o física: ¡la ansiedad no es algo banal!

Consecuencias físicas:

- dolores de cabeza;
- dolores de garganta;
- trastornos del estómago y del aparato diges-tivo, y reacciones del hígado;

- trastornos respiratorios;
- reacciones de la piel;
- dolores musculares;
- trastornos del sueño;
- bruxismo (movimientos incontrolados de fricción de los dientes);
- hipertensión arterial;
- problemas cardiovasculares;
- sistema inmunitario debilitado;
- cáncer;
- etc.

Consecuencias mentales y conductuales:

- trastornos de la memoria;
- problemas para concentrarse;
- cambios de humor;
- depresión;
- alcoholismo y drogas;
- problemas alimentarios;
- etc.

¿QUÉ HAGO PARA IMPEDIR QUE LA ANSIEDAD ME SUPERE?

Tratar la ansiedad podría ser en sí muy sencillo: bastaría con eliminar la fuente del problema (trabajo, salud, problema familiar, etc.). Sin embargo, la solución no es tan clara, ya que la huida no es más que un remedio temporal, una tirita que colocaríamos sobre una herida abierta. Así pues, contar con herramientas prácticas puede resultar particularmente útil en periodo de crisis.

Para gestionar la ansiedad, existen muchas soluciones. No importa si decides hacerlo por tu cuenta o si acudes a un profesional de la salud: lo fundamental es no dejar que la situación empeore. A ti te corresponde decidir: una buena higiene de vida, técnicas de relajación sencillas, sesiones de psicoterapia o, incluso, la ingestión de medicamentos.

GRACIAS A INICIATIVAS PERSONALES

Una buena higiene de vida

Esto no es una novedad: la higiene de vida desempeña un papel fundamental en la gestión de la ansiedad. El sueño, la alimentación o la actividad física son muchos parámetros del día a día que hay que cuidar.

- **El sueño**. Intenta tener un ritmo de sueño regular. Acostarse y levantarse a la misma hora con la mayor frecuencia posible aumenta considerablemente el buen estado psíquico y físico. Igualmente, haz noches suficientemente largas. Según un estudio elaborado por la National Sleep Foundation, un adulto necesitaría entre siete y nueve horas de sueño para funcionar correctamente (National Sleep Foundation s.f.). Por lo tanto, escucha tus necesidades y respétalas.
- **La alimentación**. Nuestro cuerpo es una máquina maravillosa, que está integrada por una multitud de componentes que hay que alimentar adecuadamente. Ningún motor

funciona bien sin carburante de calidad. Las proteínas, los glúcidos, las vitaminas, el calcio, el magnesio, el hierro y el omega 3 son todos esos aportes fundamentales que nos ayudan a activarnos correctamente. Si no comes una cantidad suficiente de algunos alimentos, puedes llegar a descompensar realmente tu organismo y pagar las consecuencias: falta de energía, pesadez, dolores en las articulaciones y... ansiedad. Si no te sientes capaz de adoptar una alimentación sana y equilibrada, no dudes en consultar a un nutricionista, que podrá analizar tu rutina alimentaria y adaptarla al máximo. Además, aunque parezca obvio, es importante señalar que los excitantes (cafeína, teína, bebidas energéticas), el alcohol y los estupefacientes no favorecen una gestión sana de la ansiedad. Aunque en un primer momento parezca que los síntomas se atenúan, lo cierto es que el consumo de este tipo de productos constituye una solución temporal y, sobre todo, irreal.

«Tuve una gran cantidad de crisis de angustia y de episodios de estrés que me provocaban insomnio. Me dieron consejos sobre mi alimentación y aumenté mi consumo de magnesio, de vitaminas

- **El ejercicio físico**. Puedes practicar una actividad física como una forma para tener controlada tu ansiedad, para mantenerte en buenas condiciones físicas o, simplemente, para disfrutar, y hacerlo de forma regular siempre es beneficioso para la salud del cuerpo y de la mente. Si tiendes a sufrir ansiedad, el deporte te ayudará a centrar tu mente en una actividad determinada y a deshacerte de los pensamientos parásitos, pero también te permitirá consumir tu energía y, al mismo tiempo, tu angustia. En efecto, durante una sesión deportiva, tu cerebro secreta una sustancia analgésica, la endorfina, cuyos efectos son similares a los de algunos opiáceos. Se la conoce igualmente como la «hormona de la felicidad» u «hormona antiestrés» y, cuando se lleva a cabo la actividad con una intensidad confortable durante un periodo prolongado, permite experimentar un sentimiento de euforia, pero también de apaciguamiento físico y mental. Además de los beneficios psicológicos, el deporte provocará que refuerces y purifiques tu cuerpo. Tal y como aseguraban los romanos, el equilibrio vital consiste en una «mente sana en cuerpo sano» (*Mens sana in corpore sano*).

Un buen respaldo social

Todos conocemos ese estado ansiógeno en el que los pensamientos dan vueltas por nuestra cabeza constantemente y no nos dan tregua. Incluso antes de intentar tratarlo, es fundamental que aprendas a reconocerlo. Si te permites hablar de tus angustias, lograrás aceptar mejor su presencia y no las convertirás en un secreto que te avergüence ante el que prefieres ponerte una venda.

Si bien algunas personas prefieren gestionar solas su ansiedad, para otras será necesario un apoyo social. Confiarse a un ser cercano permite abrirse, al menos momentáneamente, y, sobre todo, no sentirse más solo ante el desasosiego. Dado que tus amigos y tu familia te conocen bien, encontrarán las palabras para apaciguarte, para ayudarte a tomar perspectiva, y no dudarán en darte sus opiniones, incluso si estas pueden herirte. A lo mejor tú mismo te sorprendes al ver que no eres el único que está atenazado por la ansiedad.

Tiempo para ti

Cuando sientas que la ansiedad asoma, desconectar del mundo y centrarte en tus propias necesidades puede ayudarte a mantenerla dominada. Así, desviarás tu atención de lo que te obsesiona y que provoca en ti ese sentimiento de angustia. Aunque algunos consideran esto como una huida, guardar momentáneamente tus problemas en un cajón es una estrategia de gestión de la ansiedad particularmente beneficiosa. ¿De qué sirve insistir en dar vueltas a tus problemas y en enfrentarte a lo que te estresa, si no puedes hacerlo con calma? Tu cerebro estará permanentemente sobre aviso y no te permitirá reflexionar con tranquilidad acerca de una solución. Es mejor hacer cada cosa a su tiempo: primero, apacigua tu estado mental y solo después afronta el problema.

Para ello, lo ideal es que te tomes un tiempo para ti. Permítete un momento para respirar, para encontrarte, para hacer una pausa en esa vorágine diaria y para disfrutar de un instante que solo te pertenece a ti. Incluso si te parece que tienes muchas tareas por hacer, concédete una hora o, incluso, unos minutos —en función del tiempo del que dispongas— para hacer lo que quieras. No obstante, evita utilizar por la noche tu *smartphone*, tu tableta o cualquier otro aparato electrónico, ya que algunos estudios han demostrado sus efectos nefastos sobre la calidad del sueño.

LA CAJA DE IDEAS

¿Te faltan ideas o ya estás demasiado ansioso para lograr definir lo que te haría bien? Ten a mano una caja de ideas en la que, cuando te acuerdes, pondrás trozos de papel que contengan una actividad («levantarse tarde sin complejos y sin sentirse culpable», «si el tiempo lo permite, ir a leer debajo de un árbol», «cantar a voz en grito mi canción favorita», etc.). Cuando te dediques tiempo para ti, podrás coger de la caja una fuente de inspiración. Intenta variar la duración de las actividades para que puedan amoldarse a tus horarios.

GRACIAS A LA MEDITACIÓN

La meditación, considerada la herramienta práctica por excelencia para aprender a liberarse del estrés diario y para emanciparse de los pensamientos incesantes que ocupan nuestra mente, cada vez cuenta con más adeptos. Si bien es cierto que, actualmente, existe un número infinito de tipos de meditación, podemos distinguir cuatro formas principales. Cada una tiene sus aplicaciones, beneficios y requisitos propios.

¡HAZ EL TEST!

En un lugar tranquilo, cierra los ojos e intenta vaciar la mente, no pensar en nada. ¿Misión imposible? ¿Te asalta una gran cantidad de pensamientos tanto banales («Tengo hambre», «¿Qué voy a hacer de cena?», «Me he olvidado de guardar la ropa», etc.) como más serios («¿Soy feliz?», «¿Por qué mi jefe nunca me felicita? ¿Me va a despedir?», etc.)? ¡Es normal! Cuanto más intentas no pensar, más te invaden las reflexiones y los pensamientos parásitos. Se produce un fenómeno similar cuando alguien te dice que no te des la vuelta o que apartes la vista de la televisión para no ver una imagen chocante; en esos casos, te mueve una fuerza irresistible y haces exactamente lo que te dicen que no hagas. ¡Es el espíritu de contradicción por excelencia!

La meditación Vipassana

Esta técnica de meditación se basa en el principio de la respiración. Gracias a unos sencillos ejercicios, el sujeto logra mejorar su concentración y su atención mediante un trabajo profundo sobre su respiración. Cuando estamos ansiosos, nos falta el aire, y respiramos de forma rápida e irregular. La meditación Vipassana puede resultar particularmente útil para calmarnos.

EJERCICIO DE RESPIRACIÓN ABDOMINAL

En posición sentada, en el suelo con las piernas cruzadas o en una silla —lo importante es estar cómodo—, sitúa tus manos sobre tu abdomen y cierra los ojos. Inspira profundamente, concentrándote en cómo pasa el aire desde tu nariz hasta tu vientre. Con cada inspiración, tu abdomen debe hincharse, antes de deshincharse cuando espiras. Centra tu atención en este movimiento de vaivén y en la sensación que atraviesa tu cuerpo con cada respiración.

La respiración abdominal es ideal para calmar el estrés y la ansiedad. En efecto, cuando dejamos que la caja torácica entre en acción al respirar, enviamos una señal de angustia a nuestro cerebro, ya que esta forma de respiración está asociada al instinto de supervivencia y, por lo tanto, al peligro. El hecho de inspirar detenida y profundamente desarrollará el diafragma y permitirá una respiración completa y tranquilizadora.

La meditación trascendental

La técnica de la meditación trascendental es sencilla, natural, no requiere esfuerzos y se practica en dos sesiones de unos veinte minutos al día. Consiste en una relajación profunda utilizando mantras.

La meditación zen o zazen

La palabra «zen» significa «meditación», y el zazen se erige como la postura de meditación sentada que practica el budismo zen. Este método ayuda a meditar en una postura sentada para poder alcanzar eventualmente el despertar. Se trata de una práctica cuyo objetivo es vivir el mundo tal y como es, en vez de hacerlo según una serie de proyecciones y de expectativas mentales. La meditación zen implica la experiencia y la comprensión inmediata de todo, ya que, gracias a la observación pura de lo que es, podemos cambiar nuestra visión del mundo y de la realidad.

EJERCICIO DE MEDITACIÓN ZEN

Al igual que sucede con los ejercicios de meditación anteriores, encuentra un lugar tranquilo y siéntate cómodamente, cierra los ojos, sin esfuerzo. Y, en esta postura, lo que harás simplemente es prestar una atención/concentración muy grande a tu postura, a tu respiración y a la aparición-desaparición de tus pensamientos, sucesivamente.

La meditación de conciencia plena

El objetivo de esta meditación es concentrarnos en el momento presente y, por lo tanto, sentir y ser conscientes de todas nuestras sensaciones en ese instante. Así, cada vez que nuestra atención se aleja de su punto de focalización, hay que tratar de traerla de vuelta al momento presente y a lo que sucede a nivel sensorial. Una práctica de este tipo te permitirá disminuir tu tendencia a juzgar, apreciar más lo que te ofrece el presente, reducir tu tendencia a remover el pasado y a temer el futuro y, por lo tanto, se reducirá tu ansiedad de manera general.

Ejercicio de recorrido corporal o *BODY SCAN*

Instálate cómodamente en una habitación a salvo de cualquier distracción y acuéstate. Muy poco a poco, vete tomando conciencia de tu cuerpo, concentrándote en cada miembro. Visualiza un flujo de aire que recorre tu cuerpo de los pies a la cabeza. Empieza por la punta de los dedos del pie y vete subiendo lentamente hacia tus piernas, tus muslos, tu abdomen, tu pecho, tus brazos y la extremidad de tus dedos, para acabar en la parte más alta de tu cabeza. Comienza con unos minutos de meditación y vete aumentando el tiempo de las sesiones a medida que se incrementa tu concentración.

La conciencia plena presenta la ventaja de que puede practicarse en el día a día. En nuestras acciones diarias, el objetivo es lograr situarnos en el presente y centrarnos en lo que hacemos aquí y ahora. No dudes en intentar practicar alguna actividad en conciencia plena. Cuando haces deporte, no te centres en tu objetivo final, en el rendimiento y en los resultados que quieres alcanzar; concéntrate más bien en tu respiración, siente cada movimiento y mantente en el instante presente. El ejercicio adquirirá aún más valor si practicas un deporte en solitario, como correr, natación, ciclismo, etc. Si te paseas por un bosque o por un parque, centra tu atención en el aire, los colores, los sonidos, etc. Este paseo meditativo, unido al apaciguamiento espontáneo que procura la naturaleza, te ayudará a liberarte de tu ansiedad y a arraigarte en el presente.

La meditación en movimiento

En paralelo a estas meditaciones tradicionales que competen principalmente al ejercicio mental, existe una forma de relajación más física que apela tanto a la mente como al cuerpo, y que se llama la meditación en movimiento. De hecho, ese es su punto fuerte. Para aquellos que consideren que la meditación tradicional es difícil por el estatismo físico que requiere la práctica, la relajación a través del cuerpo representa una buena alternativa, puesto que es cierto que el objetivo es desarrollar un estado de conciencia plena, pero en movimiento, con lo que el cuerpo puede expresarse y no se encierra en una inmovilidad que, para algunas personas ansiosas, podría empeorar la sensación de pérdida de control. Estas técnicas son cada vez más populares y se diversifican en función de la demanda, pero destacan tres prácticas principales:

- **el yoga**. La palabra «yoga» proviene de una raíz sánscrita muy antigua que significa «vincular, unir». El desafío fundamental del yoga es tender hacia una unificación del ser humano entre su exterioridad (su cuerpo y su entorno) y su interioridad (su psique y su mente). Sin embargo, debes tener cuidado, ya que el yoga es una disciplina seria y precisa y, si no se practica correctamente, puede originar graves lesiones. Así, si deseas fervientemente practicar yoga en solitario, se aconseja seguir previamente algunas clases en una escuela para que un profesor de yoga pueda guiarte, comprobar y rectificar tus posturas si fuera necesario, para que no desarrolles unos malos hábitos;

- **el taichí**. El taichí, de origen chino, deriva de las artes marciales y consiste en la práctica de un conjunto de movimientos continuos, circulares, realizados con precisión y lentitud, siguiendo para ello un orden establecido. De esta manera, la persona que practica taichí da la sensación de que lucha en la nada, ya que sus movimientos implican una serie de gestos marciales, que se realizan con un objetivo de gestión energética, y no de combate;
- **el chi kung**. Aunque el chi kung también es de origen chino y consiste igualmente en un entrenamiento energético, tiene algunas diferencias con el taichí. En efecto, esta práctica insiste más en el «chi», que significa «energía vital» y que, de esta manera, constituye la energía que hay en todo. En concreto, el chi kung se centra en la respiración e implica prácticas de gimnasia suave (movimientos lentos y posturas de estiramiento), de respiración, de meditación y de visualización, de combate, etc. Cada una de ellas proviene de diversas tradiciones.

GRACIAS A UNA ATENCIÓN PROFESIONAL

Si lo gestionas solo y sientes que te supera o si, simplemente, interactuar con una persona externa te resulta especialmente benéfico, consultar con un profesional de la salud te permitirá iniciar un trabajo exhaustivo. Pedir ayuda nunca es una señal de debilidad. Al contrario: con esto, demuestras tu determinación para salir adelante y retomar el control de tu vida. Además de recurrir a un psicoterapeuta, actualmente existen muchas otras alternativas a la medicina tradicional que, si bien no te curan, pueden ayudar a atenuar algunos síntomas.

La psicoterapia

Existen tres formas de terapias que pueden ayudar a curar la ansiedad: la terapia cognitiva, la terapia conductual y la asociación de ambas, la terapia cognitivo-conductual. Las terapias cognitivas exploran nuestros esquemas cognitivos, es decir, toda nuestra rutina mental grabada en nuestra memoria a largo plazo a través de nuestras experiencias. Por su parte, las terapias conductuales exploran el principio del condicionamiento, es decir, nuestras respuestas automáticas ante cualquier estímulo. Para acabar, las terapias cognitivo-conductuales proponen una mezcla de estos dos principios y proporcionan al paciente las herramientas adecuadas para controlar los síntomas de la ansiedad, mientras estudian los factores que originan este sentimiento de angustia permanente.

La medicación

A veces, cuando no basta con la terapia, resulta útil pasar a la medicación. No obstante, el tratamiento medicamentoso tiene que acompañarse siempre de un tratamiento terapéutico exhaustivo que intentará revelar las causas de la patología y proponer soluciones adaptadas a largo plazo, ya que los medicamentos solo aliviarán temporalmente los síntomas de la ansiedad. Por lo tanto, limitarse a una terapia medicamentosa no es una solución por sí sola, pero puede representar una ayuda puntual, cuando apremia la necesidad.

Son dos los tipos de medicamentos que el médico prescribe con mayor frecuencia para tratar los trastornos de la ansiedad: los ansiolíticos y los antidepresivos. Los primeros tienen la ventaja de actuar rápidamente sobre los síntomas padecidos, mientras que los segundos, y más en particular los ISRS (los inhibidores selectivos de la recaptación de serotonina) y los IRSN (los inhibidores de la recaptación de serotonina y norepinefrina), suelen ser la opción favorita de los especialistas a medio plazo.

Las medicinas suaves

A veces, cuando la medicina tradicional no logra ayudar a un individuo, algunos enfoques alternativos pueden resultar útiles. Existe una parte cada vez mayor de la población que opta por tratamientos más naturales y menos invasivos para tratar sus enfermedades. Sin embargo, aunque estas medicinas están muy asentadas en el mercado, es fundamental que mantengas tu espíritu crítico y te informes acerca de los especialistas reconocidos en tu región. Puedes apelar a:

- **la homeopatía**. Esta técnica se practica a nivel mundial, aunque sigue generando mucha polémica y, a menudo, se la cataloga como placebo. Implica el tratamiento de los enfermos

—y no de su enfermedad— administrándoles una sustancia en bajas dosis capaz de producir los mismos síntomas en una persona de buena salud, con lo que se respeta el principio de similitud;

El médico alemán Hahnemann (1755-1843) es quien se encuentra en la raíz de la homeopatía. Durante sus investigaciones, se dio cuenta de que la quina (árbol que tiene una corteza de gusto amargo) conseguía calmar las fiebres en un paciente enfermo, mientras que las provocaba en un paciente sano. Este principio de la similitud ya había sido desvelado por Hipócrates (460-377 a. C.), pero Hahnemann se lo atribuyó.

- **la fitoterapia**. Se trata de un método terapéutico que utiliza la acción de las plantas medicinales. Existe una serie de plantas que pueden ayudar a reducir la ansiedad. Por supuesto, esto no es una solución milagrosa y, principalmente, es un tratamiento para calmar la ansiedad ligera. Pero, en cualquier caso, estos remedios naturales aportarán una mejoría, independientemente de si tu ansiedad es intensa o débil. Entre las plantas con propiedades encontramos, el espino, el hipérico, la manzanilla, la tila, el lúpulo, la pasiflora, la valeriana, la lavanda o el azafrán. Infórmate correctamente sobre sus efectos, su uso y sus posibles contraindicaciones antes de consumirlas;

- **la aromaterapia**. Esta práctica utiliza esencias y aceites esenciales puros extraídos de plantas aromáticas por sus propiedades terapéuticas. Cada aceite esencial posee virtudes específicas;
- **la sofrología**. La sofrología, que a veces es comparada con la hipnosis, es una suave combinación entre relajación, meditación y autohipnosis. Gracias a unos ejercicios mentales y respiratorios, y a algunos ejercicios corporales, el paciente tiene que concentrarse intensamente en una necesidad específica;
- **la acupuntura**. La acupuntura, que proviene de la medicina tradicional china, se practica plantando agujas en distintos puntos precisos del cuerpo del paciente para aliviar ciertos dolores e, incluso, curar enfermedades. A menudo, la acupuntura se presenta como un

complemento a otras prácticas médicas y no pretende ser capaz de curar enfermedades graves;

- **la hipnosis**. Esta práctica consiste en la reproducción de un estado natural y espontáneo, el estado hipnótico. La hipnosis implica alcanzar de forma intencionada un estado de conciencia modificada, es decir, un estadio de conciencia en el que las cosas se perciben de manera diferente. Principalmente, la hipnosis permite aliviar el dolor y los trastornos de la ansiedad;
- **la quinesiología**. Esta técnica psicocorporal consiste principalmente en el uso de test musculares manuales que deben llevarse a cabo para identificar un desequilibrio en el organismo. Así, la quinesiología parte del postulado de que nuestras emociones y nuestros músculos están estrechamente ligados. ¡Cuidado, no la confundas con la quinesioterapia!

¿EL SEGURO CUBRE ESTE TIPO DE TRATAMIENTOS?

En España, Sanidad aplica la directiva europea 2001/83/CE de 2001, que eleva al rango de medicamentos los remedios homeopáticos. Sin embargo, no están cubiertos por la Seguridad Social. Con respecto a la medicina tradicional china, como la acupuntura, tampoco aparece en el catálogo de prestaciones del organismo sanitario español, salvo algún caso en Cataluña y en Andalucía. Por último, al contrario que en otros países de nuestro entorno, la osteopatía no está homologada y, por lo tanto, tampoco está cubierta por la Seguridad Social.

¿CÓMO MANTENGO MI ANSIEDAD BAJO CONTROL?

Ahora que dispones de las herramientas adecuadas para gestionar mejor tu ansiedad en el día a día, ¿cómo vas a mantener este equilibrio a largo plazo? No creas que eres invencible, ya que las recaídas son inevitables. A veces, sentirás que una situación te supera y no lograrás controlar tu angustia o evitar los síntomas que derivan de ella. Sin embargo, mientras sea algo episódico, no tienes por qué preocuparte.

ÚLTIMOS CONSEJOS

Intenta aplicar estos pocos consejos en tu día a día y, sobre todo, recuerda el camino que has recorrido y las buenas costumbres que has adoptado.

- Intenta respetar un buen ritmo de sueño. Acuéstate y levántate a horas regulares.
- Mantén una alimentación sana y equilibrada.

Si es necesario, consulta a un nutricionista, que te ayudará a establecer un programa completo.

- Practica una actividad deportiva regular.
- Sal a tomar el aire y a exponerte a la luz del día en cuanto tengas la oportunidad.
- Rodéate de personas de confianza y no dudes en compartir tus angustias y tus problemas.
- Concédete momentos de paz que solo te pertenezcan a ti. Tómate tu tiempo para respirar.
- Cuando sientas que la ansiedad se manifiesta, inspira y espira lenta y profundamente, concentrándote en tu respiración y en cómo atraviesa tu cuerpo.
- Ánclate en el presente, sé sensible y consciente de lo que te rodea.
- Lánzate a la meditación en movimiento apuntándote a un curso de yoga o de taichí, por ejemplo.
- Consulta a un especialista de la salud mental, que podrá ayudarte a liberarte del peso de la ansiedad.

PREGUNTAS FRECUENTES

ESTOY SIEMPRE INTRANQUILO Y ESTRESADO EN EL DÍA A DÍA. TODO ME ANGUSTIA Y, A VECES, ESTO ME PARALIZA. ¿ES NORMAL?

Existen distintos tipos de ansiedad. Está la ansiedad de tipo «estrés», que es un fenómeno completamente habitual, normal y anodino. No es preocupante, ya que le ocurre a todo el mundo: un desafío profesional, un conflicto relacional, atascos que te hacen llegar tarde... Todo esto es suficiente para estar más tenso que de costumbre. No obstante, no hay nada de lo que alarmarse, así que puedes estar tranquilo.

Además de esto, existen tipos de ansiedad más importantes, que pueden incapacitarnos. En efecto, cuando una ansiedad se vuelve crónica y particularmente intensa, termina por apropiarse de nuestro equilibrio, de nuestra salud y de nuestras conductas en el día a día. Por consiguiente, se trata de tomar conciencia de ello y de actuar para evitar que esa ansiedad tome las riendas. Así pues, los especialistas de la salud consideran que el trastorno de ansiedad generalizada (TAG) es un trastorno como tal y se expresa a través de una preocupación constante y exagerada con respecto al acontecimiento del día a día que lo provoca. En ese caso, es importante actuar, ya que nos salimos del diagnóstico de un simple estrés habitual y sin consecuencias.

SOY DE NATURALEZA ANSIOSA. ¿REALMENTE PUEDO HACER ALGO SI FORMA PARTE DE MI PERSONALIDAD?

¡Por supuesto que puedes hacer algo! Con respecto a tu naturaleza, es cierto que no todos hemos nacido con las mismas aptitudes y, quizás, tienes una mayor tendencia a estar ansioso. Pero eso no quiere decir que tengas que ser fatalista y que no puedas actuar para que esto cambie.

Ten en cuenta tus puntos fuertes y débiles y pon en marcha iniciativas que te ayudarán a combatir la enfermedad, mientras respetas tu carácter. ¿Prefieres explorar en primer lugar este tema solo, en tu casa? ¡No hay problema! El hecho de que decidas cuidarte ya constituye un buen punto de partida: permitirte una larga noche de descanso; regalarte una velada de relajación al calor con un buen libro y una infusión; preparar un plato sano y sabroso; concederte unos minutos de meditación. ¿Prefieres moverte y explorar este tema fuera? Apúntate a un club de deporte, a una clase de yoga o de chi kung. Para acabar, si prefieres el acompañamiento de un profesional, no dudes en acudir a un psicoterapeuta o a cualquier otro profesional del bienestar. Ante ti se abre un mundo de posibilidades para liberarte de tus ansiedades, así que... ¡adelante!

¿QUÉ PUEDO HACER PARA TRANQUILIZARME CUANDO SUFRO UNA REPENTINA CRISIS DE ANGUSTIA?

Pueden aplicarse tres técnicas en caso de que se produzca una crisis de angustia:

- **concéntrate en tu respiración**. Respira amplia y profundamente y, poco a poco, intenta ir más despacio. Sal fuera o, si no puedes, abre de par en par las ventanas y haz cinco amplias respiraciones muy lentamente. Concéntrate en la sensación del aire fresco que, al entrar en tu cuerpo, lo calma y lo «enfría»;
- **escanea mentalmente tu cuerpo, zona a zona**. Toma conciencia de tu cuerpo y de cada parte que lo conforma. Lleva a cabo un recorrido corporal o *body scan*, desde la parte inferior de tu cuerpo hacia arriba. Empieza por los dedos de los pies y, muy lentamente, ve subiendo hasta lo alto de tu cabeza, etapa a etapa, siendo consciente y sintiendo cada parte de tu cuerpo;
- **centra tus sentidos en el entorno que te rodea**. Concéntrate sucesivamente en tus sentidos. ¿Qué sonidos escuchas? ¿Qué olores hueles? ¿Cuál es la temperatura del aire en tu piel? ¿Cuáles son los puntos de contacto entre tu cuerpo y lo que te rodea (ropa, tejidos, silla, suelo, etc.)? Esto te permitirá fijar tu atención en algo y te alejará de la ansiedad.

MI PAREJA ES ANSIOSA. ¿QUÉ PUEDO HACER PARA AYUDARLA?

Cuando la ansiedad nos ahoga, esto afecta a toda nuestra vida diaria, pero, con mucha frecuencia, también puede hacer daño a nuestro entorno. Por lo general, es difícil limitar las consecuencias negativas de nuestro trastorno en nuestros seres cercanos. Y, de hecho, los seres cercanos de una persona ansiosa pueden ayudarla a superar esas angustias. No importa si es tu pareja, tu hijo, otro miembro de tu familia o un amigo quien sufre ansiedad: tú puedes ayudar a esa persona a que experimente una mejoría.

- En primer lugar, es muy importante ofrecer un apoyo a la persona ansiosa, pero es aún más importante y claramente más difícil proporcionar el respaldo adecuado. En efecto, la persona que sufre ansiedad puede considerar algunas formas de ayuda como no constructivas. Por ejemplo, si modificas tus conductas para evitar absolutamente que tu pareja se enfrente a las fuentes de su ansiedad, esto resultará poco eficaz a largo plazo. Y es que no le permitirás avanzar y evolucionar, ya que lo estás protegiendo demasiado. Esto podría incluso incapacitarlo, dado que, involuntariamente, tus conductas reducirán su libertad y su independencia. Así, si tu pareja está ansiosa ante el solo pensamiento de conducir, ocupar su sitio al volante en cuanto estáis juntos en el coche no es una buena idea para una evolución a largo plazo, porque refuerzas su proceso de evitación. A pesar de todo, no se trata de mostrar una disciplina militar y una ausencia de empatía. No es bueno alimentar los procesos de evitación, pero escuchar y demostrar paciencia y tolerancia constituye un apoyo necesario. Haz ver a tu pareja ansiosa que la comprendes y que la respetas. Ten una comunicación suave y escucha. Crea el diálogo y recalca los progresos de la persona ansiosa, en vez de sus problemas.

- A continuación, es importante que no solo te centres en su ansiedad. Háblale de otras cosas. Si solo tienes ese tema en la boca, acabarás formando una montaña con su ansiedad. Anímalo a relativizar, a abrirse a otros ámbitos de la vida y de su personalidad. Así, logrará percibirse como algo más que alguien ansioso.

- Para acabar, anímalo a pedir ayuda y ofrécete a

acompañarlo en ese proceso si así lo desea. Por ejemplo, dile que acompañarlo a alguna sesión de un terapeuta sería también para ti una ocasión de aprender y de comprender mejor qué le ocurre y cómo puedes actuar para ayudarlo. Y si tú mismo necesitas asistencia para ayudar a tu pareja, no dudes en consultar a un especialista o en reunirte con gente que también conoce a una persona ansiosa en su entorno.

¡Tu opinión nos interesa!
¡Deja un comentario en la página web de tu librería en línea,
y comparte tus favoritos en las redes sociales!

PARA IR MÁS ALLÁ

FUENTES BIBLIOGRÁFICAS

- Anxiété. Consultado el 13 de diciembre de 2017. https://www.anxiete.fr/

- Asociación Americana de Psiquiatría. 2015. *DSM-5: Manuel diagnostique et statistique des troubles mentaux*. París: Masson.

- André, Christophe y Muzo. 2010. *Je dépasse mes peurs et mes angoisses*. París: Points.

- Berghmans, Claude. 2010. *Soigner par la méditation*. París: Masson.

- Besançon, Guy. 1993. *Manuel de psychopathologie — Anxiété, dépression et psychopathologie du corps*. París: Dunod.

- Bexton, Brian. s. f. "Le trouble d'anxiété généralisée". *Revivre*. Consultado el 13 de diciembre de 2017. http://www.revivre.org/wp-content/uploads/2016/04/Le-trouble-danxiete-generaliee.pdf

- Cabut, Sandrine. 2013. "Psychiatrie: le DSM-5, le manuel qui rend fou". *Le Monde*. 13 de mayo. Consultado el 13 de diciembre de 2017. http://www.lemonde.fr/sciences/article/2013/05/13/dsm-5-le-manuel-qui-rend-fou_3176452_1650684.html

- Haute autorité de santé. 2007. *Guide – Affection de longue durée: la prise en charge de votre trouble anxieux.* Consultado el 13 de diciembre de 2017. https://www.has-sante.fr/portail/upload/docs/application/pdf/2008-06/08-091_tag.pdf

- National Sleep Foundation, "How Much Sleep Do We Really Need". Consultado el 13 de diciembre de 2017. https://sleepfoundation.org/how-sleep-works/how-much-sleep-do-we-really-need

- Servant, Dominique. 2003. *Soigner le stress et l'anxiété par soi-même.* París: Odile Jacob.

- Sommeil et médicine générale, "Échelle d'Hamilton d'évaluation de l'anxiété". Consultado el 13 de diciembre de 2017. http://www.sommeil-mg.net/spip/spip.php?article302

FUENTES COMPLEMENTARIAS

- Angel, Sylvie y Pierre Angel. 2010. *Bien choisir sa psychothérapie.* París: Larousse.

- Braconnier, Alain. 2004. *Petit ou grand anxieux?* París: Odile Jacob.

- David, Michel y Jocelyne Jérémie. 1999. *Guide de l'aide psychologique de l'enfant, de la naissance à l'adolescence.* París: Odile Jacob.

- Kabat-Zinn, Jon. 2009. *Au cœur de la tourmente, la pleine conscience.* Bruselas: De Boeck.

- Petit Bambou, aplicación para *smartphone*. https://www.petitbambou.com/

- Psychomedia, "Vidéos de nature pour la relaxation: 3 exemples choisis", 2015. Consultado el 13 de diciembre de 2017. http://www.psychomedia.qc.ca/psychologie/2015-10-30/videos-youtube-relaxation-nature

- Real Academia Nacional de Medicina. 2012. "Ansiedad". *Diccionario de términos médicos.* Consultado el 13 de diciembre de 2017. http://dtme.ranm.es/accesoRestringido.aspx

- Trickett, Shirley. 2013. *Comment se débarrasser de l'anxiété et de la dépression?* París: Leduc.S Éditions.

- Wayne, Peter y Mark Fuerst. 2014. *Taï Chi. La méditation en mouvement.* París: Belfond.